© Turkuvaz Medya Grubu
© H. Salih Zengin

TİK TAK TİK TAK, AĞAÇKAKAN SUSİ'YE BAK!
Saatler

Masallı Eğitim Seti-10

Baskı-Cilt
Turkuvaz Haberleşme ve Yayıncılık A.Ş.
Akpınar Mah. Hasan Basri Cad. No: 4 Sancaktepe / İstanbul
T: +90 216 585 90 00 I F: +90 216 585 91 30

Türü
Masal

Yazan
H. Salih Zengin

Resimleyen
Dağıstan Çetinkaya

Redaksiyon
Sare Tanrıverdi

Kapak ve İç Tasarım
Selahattin Özdoğan

Bu kitabın hakları Turkuvaz Medya Grubu'na aittir. Kaynak gösterilerek yapılacak alıntılar haricinde yayıncının izni olmaksızın hiçbir surette kullanılamaz.

Baskı
İstanbul, Şubat 2018
ISBN:978-605-66708-7-9

Turkuvaz Haberleşme ve Yayıncılık A.Ş.
Yayıncı Sertifika No: 12815

2

Şehrin meydanında bulunan saat kulesi gece yarısını gösterdiğinde birçok insan uykuya dalmıştı bile. Ancak saat kulesinin tam karşısındaki ıhlamur ağacına konan Ağaçkakan Susi hariç.

4

Saat kulesinin gongu gecenin karanlığında **bir** kere vurduğunda Ağaçkakan Susi, yerinde şöyle bir kıpırdadı. Kanatlarını gerdi ve esnedi.

6

Saat tam **iki**ye kadar da yerini hiç değiştirmedi. Gözlerini kırpmakla yetindi sadece. Oysa Ağaçkakan Susi, öyle yaramaz bir ağaçkakan yavrusuydu ki!..

8

Gözlerini saat kulesinin saatinden hiç ayırmıyordu. Akrep ve yelkovanı büyük bir dikkatle takip ediyor, sadece her dakika başında gözlerini bir kez kırpıyordu. Gözlerini altmış kez kırptıktan sonra saat gecenin **üç**ünü gösterdi.

Şehir tam bir sessizliğe gömülmüştü. Saat **dört**te bir baykuşun "Uhuuuu!" diyerek öttüğü duyuldu. O kadar!

Saat **beş** oldu. Ağaçkakan Susi, sanki buzdan donmuş gibi sessizce meydandaki saat kulesine bakıyordu. Saatin gongu beş kez art arda vurdu. Sessizlik beş kez bozuldu.

12

Saat **altı**da Ağaçkakan Susi, bulunduğu daldan bir üstteki dala sıçradı. O sırada bir temizlik işçisi, saat kulesinin çevresini süpürüyordu

Güneş, Ağaçkakan Susi'nin bulunduğu ağacı ışığıyla yakaladığında saat **yedi**ydi.

Meydanda bulunan bazı evlerde okula gidecek çocuklar ve işe gidecek babalar kahvaltı yapıyordu.

Ağaçkakan Susi'nin bulunduğu ıhlamur ağacına yuva yapan serçe ailesi Susi'yi "Günaydın!" diyerek selamladı. Susi de onlara aynı şekilde karşılık verdi.

Saat kulesinin gongu tam **sekiz** kez vurdu. Saat sekiz olmuştu.

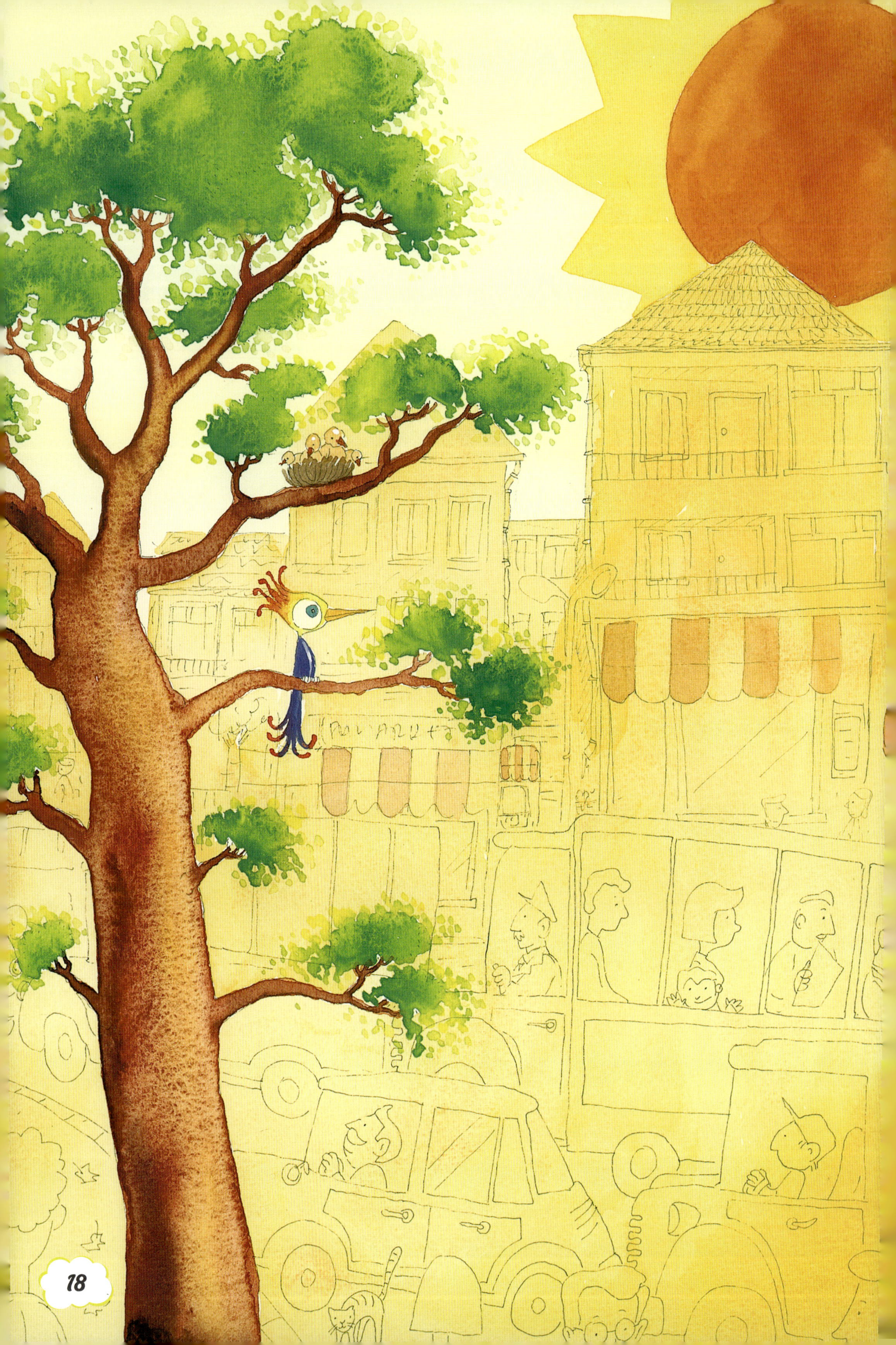

Saat **dokuz** olduğunda şehir hareketlendi. Dükkânlar açılıyor, arabalar hızlı hızlı ilerliyor ve gün kalabalıklaşıyordu. Ağaçkakan Susi'de ise değişen hiçbir şey yoktu.

Karnının acıktığını hissetti Susi. Saat tam **on** olmuştu bunları düşünürken. Şimdi kendi ormanında olsaydı kahvaltısını çoktan yapmış olurdu. Ihlamur ağacındaki serçe ailesi karınlarını doyurmak için uçup gittiler yuvadan. Sabah çok erken uyandıkları için yeniden acıkmışlardı.

Saat kulesinin gongu on bir kez vurunca üç güvercin havalandı kuleden. "Saat **on bir** oldu" der gibiydi üçü de.

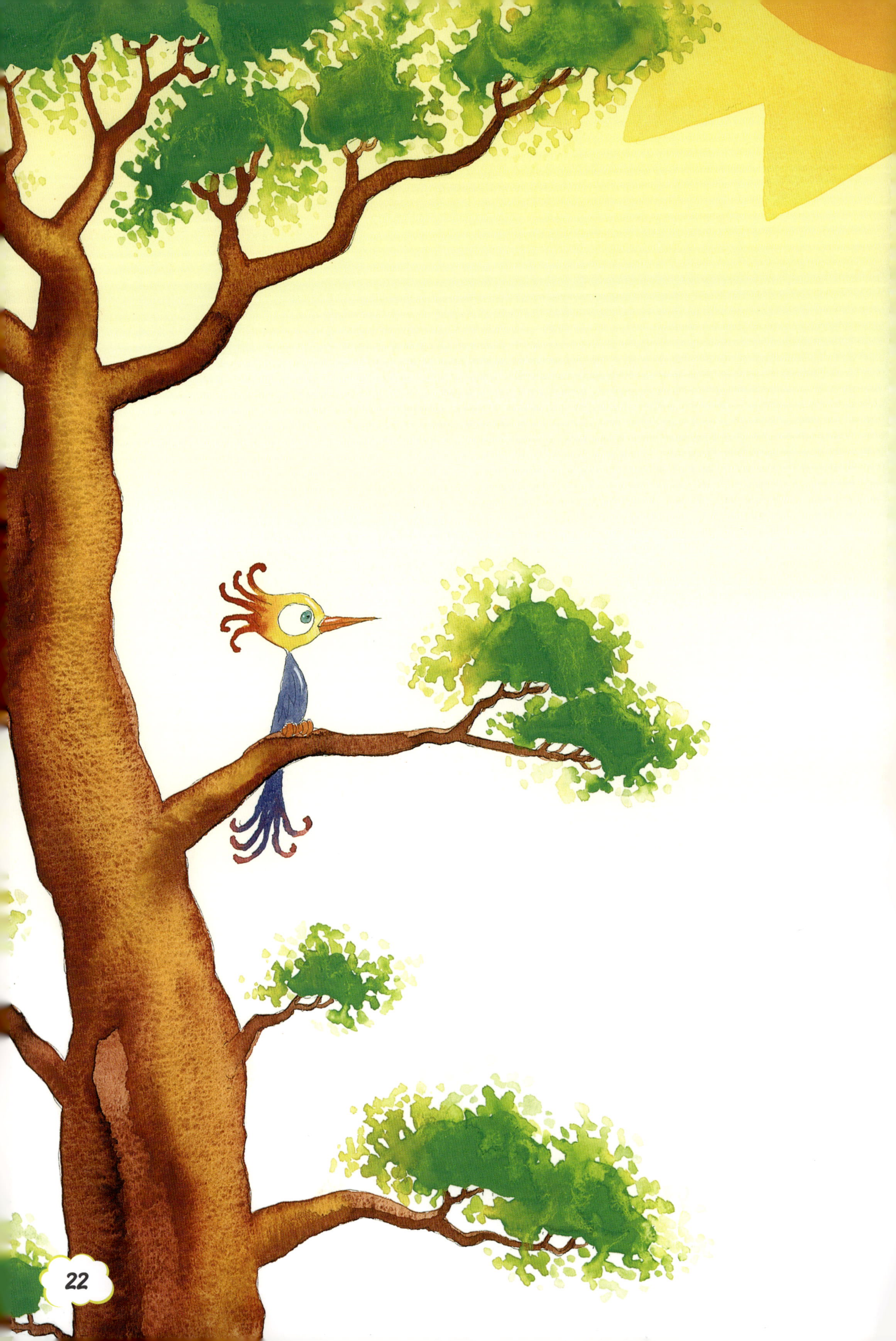

Güneş en tepeye yükselince saat kulesi **on iki**yi gösterdi. Ağaçkakan Susi, hâlâ ıhlamur ağacından şehrin meydanındaki kuleyi izliyordu.

Arkadaşı Çiço gelmese belki de uzun süre orada öylece kalacaktı Susi.

Ama Ağaçkakan Çiço, Susi'nin anne ve babasının dün geceden beri Susi'yi aradıklarını söyledi. Hemen ormana dönmeliydiler.

Saat kulesinin üzerinde üç tur attıktan sonra ormana doğru uçup gittiler.

Ertesi gün, ormanda yaşayan hayvanlar sabah uyandıklarında ağaçlarda yuvarlak ve garip şekillerle karşılaştılar. Bu yuvarlak şekillerin içerisinde biri kısa biri uzun olmak üzere iki çizgi vardı. Ancak ormandaki hayvanlardan hiçbirisi bunların ne anlama geldiğini kavrayamadı.

Ormanın ta en başından en sonuna kadar olan uzun yolda Ağaçkakan Susi'nin ağaçlara gagasıyla kazıdığı saatler vardı.

Saatler öyle bir şekilde ağaçlara kazınmıştı ki normal yürüyüşle saatli bir ağaçtan diğer bir saatli ağaca tam bir saatte ulaşılıyordu.

Saat on ikiyi gösteren ağaca ulaşabilmek içinse tam on iki saat yürümek gerekiyordu. Ama şehirdeki saat kulesini hiç görmemiş hayvanlar, saatten ne anlardı ki!

Saatin kaç olduğunu söyler misin?

Büyüklere Küçük Notlar

Çocukların zamanla ilgili öğrendiği ilk sözcüklerden birisi de "şimdi"dir. Ancak onlar zamanla ilgili kavramları ve zamanı tanımlayan sözcükleri öğrenmek isterler.

Çocuklar için oldukça karmaşık ve kapalı bir kutuyu andıran zaman kavramını kolayca hatırlayabilecekleri bir boyuta çekebilirsiniz.

Zamanı günlük hayatla ilişki kuran sözcüklerle tanımlayabilirsiniz. Çocuğunuz sabahleyin yataktan kalkarken, öğle yemeğini yerken, öğle uykusuna yatarken, banyosunu yaparken, akşam babasının işten dönmesini beklerken, gece uykusu için yatağına yatarken hep farklı zaman dilimlerinde olaylar geçer ve birbirini takip eder. Çocuğunuzla zamana ilişkin bu olayları konuşarak, farklı zamanlarla bağlantı kurdurarak belli başlı zaman dilimlerini öğretebilirsiniz.

Tik Tak Tik Tak Ağaçkakan Susi'ye Bak, sürekli değişen bu ardışık zaman dilimini çocuklara öğreten bir masal kitabıdır.

Çocuğunuzla Bunları Uygulayınız

● Çocuğunuza bir günlük yapabilirsiniz.

● Çocuğunuz sabah kalktığında o gün saat kaçta neyi yapmanız gerektiği üzerine onunla konuşun.

● Mukavvadan bir saat yapın. Akrep ve yelkovan kısmını raptiye ile tutturabilirsiniz. Saatin üzerine gün içinde her etkinliği gösteren bir resim çizebilirsiniz. Söz gelimi kahvaltı için bir dilim ekmek ve zeytin, öğle uykusu için yastık, oyun saati için bir oyuncak... O an geldiğinde çocuğunuzla birlikte mukavva saatinizi ilgili resme getirin ve etkinliğe uymasını sağlayın.

● Yatmadan önce bir günü nasıl geçirdiğini kendi sözcükleri ile anlatmasını isteyin ve anlattıklarını büyük bir dikkatle dinleyin.

Bu kitap sayesinde çocuğunuz;

● Zamanla ilgili temel kavramları,

● Saatleri ardışık biçimde saymayı,

● Gece-gündüz kavramlarını saatlerle eşleştirmeyi öğrenir.